Du solltest
niemals Angst
haben vor dem,
was du tust,
wenn es das
Richtige ist.

Rosa Parks

SCHUTZ
online

WAS KANNST DU TUN, UM DICH ONLINE SELBST WENIG ANGREIFBAR ZU MACHEN?

- Möglichst wenig Persönliches posten – je mehr Informationen du von dir preisgibst, umso mehr machst du dich angreifbar
- Keine Fotos posten, die dich zeigen
- Keine Kinderfotos hochladen (auch harmlose Fotos können missbraucht werden)
- Kommentarfunktionen ausstellen (auf einigen Plattformen möglich)
- Wenn notwendig, eigene Posts löschen

SOLIDARITÄT

online

WAS TUN BEI HATE SPEECH, CYBERMOBBING UND SHITSTORMS?

Auch online kannst du Zivilcourage zeigen:

- Wenn jemand im Internet aufgrund der Zugehörigkeit zu einer bestimmten Gruppe angegriffen wird (Hate Speech) …
- Wenn jemand persönlich/individuell und direkt bedroht, beleidigt oder belästigt wird (Cybermobbing) …
- Wenn ein Shitstorm auf eine Person losgetreten wird und die Grenze zum Cybermobbing überschreitet …

… kannst du in Posts dazu Stellung beziehen und/oder diskriminierende Posts melden.

Das Internet ist kein rechtsfreier Raum, auch hier gelten die Gesetze unseres Staates.

RECHT

RECHTLICHER SCHUTZRAHMEN

Jede:r, der/die in einer gefährlichen Situation eingreift, bei Unfällen Erste Hilfe leistet oder im Interesse der Allgemeinheit handelt, ist gesetzlich versichert (in Deutschland: § 2 SGB VII – Gesetzliche Unfallversicherung).

RECHT

WEGSCHAUEN UND NICHT HANDELN KANN STRAFBAR SEIN

BEDENKE:
Wegschauen kann wegen unterlassener Hilfeleistung strafbar sein (in Deutschland: nach § 323c StGB). Allerdings musst du dich nicht selbst in Gefahr bringen.
Ebenso kann es strafbar sein, jemanden zu behindern, der Hilfe leisten will.

IMPULS

GIBT ES EINE SITUATION, IN DER DU MUTIG WARST UND FÜR DEINE WERTE EINGESTANDEN BIST?

HAST DU SCHON EINMAL JEMANDEM HELFEN KÖNNEN, SICH ZU VERTEIDIGEN?

HAST DU SCHON EINMAL ZIVILCOURAGE GEZEIGT, OHNE DASS DU ES DAMALS SO GENANNT HÄTTEST?

GRENZEN

ziehen

WAS TUN BEI DISKRIMINIERENDEN ÄUßERUNGEN?

Wird jemand pauschal aufgrund seiner (vermeintlichen) Zugehörigkeit zu einer bestimmten Gruppe beleidigt bzw. mit abwertenden Begriffen tituliert, liegt eine Respektlosigkeit und Grenzüberschreitung vor. Hier kannst du Zivilcourage zeigen, indem du diesen Äußerungen widersprichst und die betroffene Person unterstützt.

Diskriminierende Äußerungen betreffen häufig: Rassismus, Antisemitismus, Sexismus, Frauenfeindlichkeit, Homophobie, Transphobie, Ableismus (Behindertenfeindlichkeit) oder Ageism (Altersdiskriminierung). Es gibt noch viele andere Diskriminierungen und häufig auch Überschneidungen. Gestik, Tonfall und Mimik können auch harmlose Begriffe zu diskriminierenden Äußerungen werden lassen.

ZITAT

Courage ist der wichtigste aller Werte, denn ohne ihn kannst du auch alle anderen nicht konsequent leben.

Maya Angelou

ONLINE GRENZEN

aufzeigen

COUNTER SPEECH

Triffst du auf Hate Speech und Cybermobbing, kannst du dich durch direkte Gegenrede (Counter Speech) mit dem Betroffenen solidarisieren.

Und zwar, indem du den Hass-Post mit einem Nein oder einer klaren Gegenposition, Fakten, deiner Meinung oder witzig-klugen Sprüchen in die Schranken weist.

Es gibt auch witzige Memes (zu finden z. B. bei no-hate-speech.de), die sehr wirksam sein können.

Weiterer Tipp: Wenn du den Hashtag *#ichbinhier* verwendest, adressierst du deinen Post damit an die gleichnamige Initiative, die dich beim Counter Speech unterstützen kann.

ONLINE

reagieren

POSTS MELDEN UND KONTEN BLOCKIEREN

Gegen verletzende und diskriminierende Posts kann man etwas tun!

- Die Kommentare, Posts und das Profil beim Plattformbetreiber melden, dieser muss hier eingreifen (Konten können blockiert werden)
- Zusätzlich strafbare Posts anzeigen (mit Screenshot dokumentieren)

→ Du kannst dir dazu auch bei Jugendschutz.net Hilfe holen.

- Im eigenen Profil alle Konten/Personen blockieren, die Hass verbreiten und Cybermobbing betreiben.

I LIKE

IM NETZ: POSITIVES VERSTÄRKEN

Um aktiv Liebe zu streuen statt Hass und Ausgrenzung, kannst du online deine Wertschätzung teilen und ein Herz hinterlassen:

bei allen Posts und Kommentaren, die positiv, solidarisch, wertschätzend, anti-diskriminierend sind und die Vielfalt feiern.

SOLIDARITÄT

bei

Schulmobbing

WAS DU FÜR EINEN MITSCHÜLER / EINE MITSCHÜLERIN TUN KANNST, DER/DIE GEMOBBT WIRD:

- Die gemobbte Schülerin / den Schüler unterhaken und mit ihr/ihm aus der Situation herausgehen
- Dem Opfer klarmachen, dass es selbst keine Schuld an dem Mobbing hat
- Bei deiner Freundin bzw. dem gemobbten Mitschüler bleiben, sie oder ihn nicht allein lassen und auch in der nächsten Zeit in ihrer/seiner Nähe bleiben (in der Pause, auf dem Schulweg)
- Der Freundin oder dem gemobbten Mitschüler Selbstvertrauen schenken (Ich finde, du kannst … besonders gut)
- Gemeinsam zu einer Vertrauensperson (Lehrer:in, Sozialarbeiter:in an der Schule) gehen und über die Erfahrung berichten

ZITAT

Wer wagt,
selbst zu denken,
der wird auch
selber handeln.

Bettina von Arnim

SELBSTHILFE

bei

Schulmobbing

WAS KANN ICH ALS KIND ODER JUGENDLICHE(R) SELBST TUN, WENN ICH GEMOBBT WERDE?

- Den Mobbenden und Mitläufer:innen klar entgegentreten und den/die Angreifer:in bzw. den/die Wortführer:in direkt ansprechen
- Sich an eine offizielle Seite (z. B. Lehrer:in) wenden und zusätzlich eine (erwachsene) Vertrauensperson informieren
- Hilft diese nicht, weitere Vertrauenspersonen ansprechen
- Versuchen, nicht eingeschüchtert zu reagieren
- Selbstwertgefühl stärken, z. B. durch Sport oder andere Freizeitaktivitäten
- Andere Freundschaften aufbauen
- Mobbingtagebuch führen (zusammen mit den Eltern)
- Mobbingsituationen zu Hause mit Familie üben

UNTERSTÜTZEN bei Schulmobbing

WAS KÖNNEN ELTERN TUN, WENN DAS EIGENE KIND GEMOBBT WIRD?

- Achtsam sein, um Mobbing zu erkennen – gibt es auffällige Verhaltensänderungen? (Z. B. Verschlossenheit, Passivität, Kind meidet Schule, hat häufig Bauch- oder Kopfschmerzen, Schulleistungen werden schlechter, vermindertes Selbstbewusstsein)

- Kind ernst nehmen: Erzählungen nicht bagatellisieren, genau zuhören und dem Kind für das Verhalten der anderen nicht die Schuld geben (Victim Blaming)

- Bei Mobbingverdacht: Sofort Kontakt zur Lehrkraft bzw. Schule aufnehmen, sich nicht direkt an das mobbende Kind oder dessen Eltern wenden

SOLIDARITÄT

bei

Schulmobbing

MOBBING AUF DEM PAUSENHOF – WAS KANNST DU TUN?

Deine Freundin wird beleidigt und geschubst. Andere stehen dabei und lachen sie aus.

WAS DU DEM/DER MOBBER:IN SAGEN KANNST

(dabei ruhig bleiben, mit fester Stimme sprechen):

»Hör auf damit, das ist nicht cool!«,
»Ich mag es nicht, wie du meine Freundin behandelst!«

WAS DU SONST NOCH TUN KANNST:

- Einer erwachsenen Vertrauensperson (Lehrerin, Elternteil) vom Mobbing erzählen
  → Wenn diese nicht reagiert, weiteren Personen davon erzählen
- Andere, die gelacht haben oder nicht eingeschritten sind, gezielt ansprechen:

»So ein Verhalten ist Mobbing. Das ist nicht in Ordnung und wir sollten das nicht unterstützen.«

SCHUL-
MOBBING

SO KANN MOBBING AN DER SCHULE AUSSEHEN

Direktes Mobbing:
Handlungen: Schlagen, Schubsen, Zwicken, Spucken
Verbal: Drohungen, Hänseln, Spott

Indirektes Mobbing:
Ausschließen, Verbreiten von Gerüchten, Rufschädigung

VERHALTEN

WIE VERHALTE ICH MICH GEGENÜBER DEM TÄTER ODER DER TÄTERIN?

- Distanz wahren
- Siezen
- Nicht laut werden, ruhig sprechen
- Nicht anfassen
- Nicht beleidigen
- Sich persönlich nicht provozieren lassen
- Geforderte Gegenstände wie Geld oder Handy herausgeben
- Flucht ermöglichen, Fluchtweg freihalten (nicht Polizei spielen)
- (Besondere) Merkmale für eine spätere Zeugenaussage einprägen

MUT

trainieren

WAS DU IN ZIVILCOURAGE-TRAININGS LERNEN KANNST!

Bei einem gezielten Training bekommst du vermittelt, wie du …

… deine Umwelt genauer wahrnehmen kannst, um Situationen besser einzuschätzen.

… hilfst, ohne dich in Gefahr zu bringen.

… andere auf Notsituationen hinweist und dich mit ihnen verbünden kannst.

… mit dem Opfer umgehen kannst.

… mit Täter:innen umgehen solltest.

… selbstbewusst auftrittst …

… und vieles andere mehr, um im Ernstfall richtig zu handeln.

Selbstvertrauen

WIE DU (NOCH) MEHR SELBSTVERTRAUEN AUFBAUEN KANNST, UM DICH AUCH IN GEFAHRENSITUATIONEN SICHERER ZU FÜHLEN:

- Sich selbst kennen und die eigenen Grenzen einschätzen können
- Sich mental auf mögliche Situationen vorbereiten, die Zivilcourage erfordern, wie Mobbing, diskriminierende Aussagen bis hin zu Situationen, bei denen Gewalt eine Rolle spielt
- Hilfsmittel bei sich führen, z. B. eine Trillerpfeife (kein Tränengas, da Selbstverletzungsgefahr besteht und die Situation weiter eskalieren könnte!)
- Einen Selbstverteidigungskurs besuchen
- Den Erste-Hilfe-Kurs auffrischen
- Ein Zivilcourage-Training absolvieren
- Sich über richtiges Verhalten in Gefahrensituationen informieren (z. B. auf der Homepage der Polizei)

SEELSORGE

SEELSORGER:IN SEIN

Wenn du jemandem geholfen und ihn/sie aus einer Gefahrensituation herausgeführt hast, ist es wichtig, der Person weiterhin beizustehen. Benötigt sie Zuspruch, praktische Hilfe oder Trost? Muss die Polizei oder ein Krankenwagen verständigt werden? Eventuell kannst du das Opfer auch dazu ermutigen, Anzeige zu erstatten.

ZITAT

Mut besteht
nicht darin, dass
man die Gefahr
blind übersieht,
sondern darin, dass
man sie sehend
überwindet.

Jean Paul

MUT

VIELE SITUATIONEN ERFORDERN MUT

Es muss nicht gleich gewalttätig zugehen, um Zivilcourage zu zeigen. Auch unscheinbare Situationen können sie erforderlich machen. Zum Beispiel: Wenn man für einen Außenseiter Partei ergreift, auch wenn man von den anderen dafür als seltsam abgestempelt wird. Oder wenn man deutlich zum Ausdruck bringt, dass man Diskriminierungen nicht akzeptiert, auch wenn diese als scheinbar harmlose Witze daherkommen.

IMPULS

AN WELCHE SITUATION ERINNERST DU DICH, IN DER DU GERN MUTIGER GEWESEN WÄRST?

WAS WÜRDEST DU HEUTE ANDERS MACHEN?

ERSTE HILFE

leisten

DU TRIFFST AUF EINE HILFLOSE PERSON, DIE AM BODEN LIEGT – WAS TUN BEI BEWUSSTLOSIGKEIT?

- Laut ansprechen und eventuell an der Schulter berühren/rütteln: Ist die Person bei Bewusstsein?

➔ Wenn NEIN: Laut **HILFE rufen** und Passanten auf den Notfall aufmerksam machen

Bei Bewusstlosigkeit droht Lebensgefahr!

- Atemwege durch Überstreckung des Kopfes nach hinten frei machen
- Den Notruf 112 rufen
- Atmung weiter überprüfen bis zum Eintreffen des Rettungsdienstes
- Falls Schnappatmung einsetzt oder Atmung ausbleibt ➔ Herzdruckmassage ausführen, bis Rettungsdienst eintrifft
- Eventuell Mund-zu-Mund-Beatmung durchführen

IMPULS

FÜHLE DICH SELBST VERANTWORTLICH!

Erwarte nicht, dass andere Menschen zuerst reagieren.

ERSTE HILFE

leisten

DU TRIFFST AUF EINE HILFLOSE PERSON, DIE AM BODEN LIEGT – WAS TUN?

Die Person liegt am Boden oder ist in sich zusammengesunken:

- Laut ansprechen und eventuell an der Schulter berühren/rütteln: Ist die Person bei Bewusstsein?

→ **Wenn JA:**
- Atmung ok?

- **In stabile Seitenlage legen**
- Person zudecken
- Den Notruf 112 rufen
- Bei der Person bleiben, mit ihr sprechen und sie beruhigen, bis der Rettungsdienst kommt
- Bis dahin weiter Bewusstsein und Atmung überprüfen

IMPULS

Gibt es jemanden, der für dich ein Vorbild ist für gelebte Zivilcourage?

Vielleicht jemanden, den du persönlich kennst, oder eine Person aus der Geschichte?

ZITAT

Wenn die ganze
Welt schweigt,
kann auch eine
Stimme mächtig
sein.

Malala Yousafzai

ACHTSAMKEIT

WENN DU EIN SELTSAMES GEFÜHL HAST

Wenn dir eine Situation seltsam oder unterschwellig bedrohlich erscheint, bleib achtsam. Und bleib – wenn notwendig – in sicherem Abstand dabei. Beobachte weiter und versuche, die Situation richtig einzuschätzen. Manchmal wird nicht eingegriffen, weil niemand erkennt, dass es sich um einen Notfall handelt. Nachfragen beim potenziellen Opfer oder bei anderen Beobachter:innen hilft immer!

BEOBACHTEN

EINE SITUATION ERSCHEINT DIR ZU GEFÄHRLICH, UM SELBST EINZU-SCHREITEN – WAS KANNST DU TUN?

Zunächst die Polizei verständigen – und dann in sicherem Abstand den Hergang der Situation beobachten. Du kannst zur Gedächtnisstütze auch Fotos oder Videos machen, aber nur aus sicherer Entfernung. Die Bilder darfst du nicht im Internet verbreiten, aber der Polizei darfst du sie als Beweismittel weitergeben. Als Gedächtnisstütze eignen sich auch einfache Notizen.

Stelle dich anschließend als Zeug:in zur Verfügung.

AUSSAGEN

GENAU BEOBACHTEN UND ALS ZEUGE ODER ZEUGIN AUSSAGEN

Wenn du eine kritische Situation beobachtest:

Versuche, dir die Merkmale des Täters oder der Täterin genau einzuprägen. Bei flüchtenden Personen auch die Fluchtrichtung, gegebenenfalls die Art des Fahrzeugs und das Kennzeichen. Bleibe anschließend am Tatort und stelle dich als Zeug:in zur Verfügung. Auch wenn es dir unbequem erscheint oder nicht in deinen Tagesablauf passt.

TIPP:

Besonders auf unveränderliche Merkmale kommt es an (z. B. Haarfarbe, Tattoos, Augenfarbe). Bei Kleidung insbesondere auf die Schuhe achten, da Jacken bei der Flucht schnell getauscht oder abgelegt werden können.

ZITAT

Wir sind nicht
nur verantwortlich
für das, was wir
tun, sondern auch
für das, was wir
nicht tun.

Jean-Baptiste Molière

ÖFFENTLICHKEIT

ZIVILCOURAGE KANN SOWOHL IM ÖFFENTLICHEN ALS AUCH IM PRIVATEN RAUM STATTFINDEN

Sie ist daran geknüpft, dass du im gesellschaftlichen Kontext Position beziehst – und auf der Basis deiner moralischen Werte, deines Weltbildes oder deines Gerechtigkeitsempfindens handelst und dafür einstehst. Sie besteht immer dann, wenn drei Parteien interagieren – Täter:in, Opfer und Helfer:in. Dazu müssen nicht alle drei Parteien physisch anwesend sein.

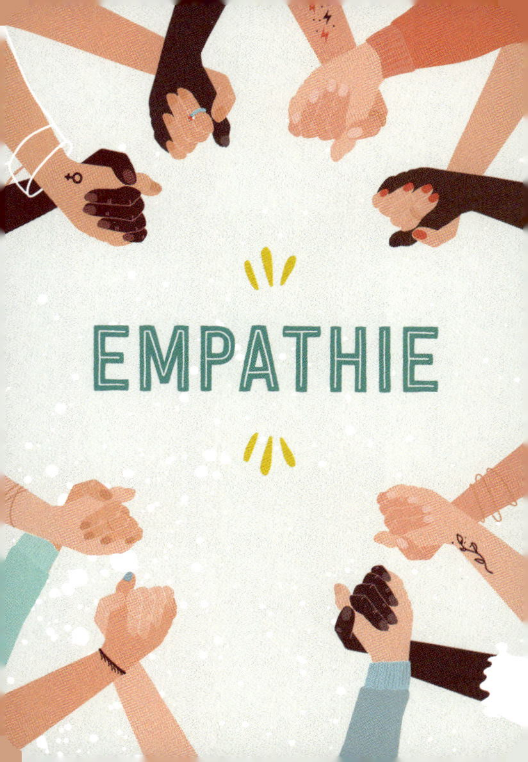
EMPATHIE

IST DAS NOCH OKAY?

Wenn du dir unsicher bist, ob eine Situation noch in Ordnung ist oder schon »drüber«, kann es dir helfen, dich ganz bewusst an die Stelle des Opfers zu versetzen. Beziehe auch mögliche Erfahrungen mit ein, die das Opfer bisher (vielleicht schon häufig) gemacht hat – z. B. Rassismus oder andere Ausgrenzungen.

FRAGE DICH:

Wenn ich an ihrer oder seiner Stelle wäre, wie würde ich mich selbst dabei fühlen? Und würde ich mir Hilfe von anderen wünschen?

WERTE

ERKENNE DEINE WERTE

Um zu erkennen, wann eine Situation ausufert oder nicht mehr vertretbar ist, hilft es, sich darüber klar zu sein, welche Werte einem persönlich wichtig sind.

Stell dir selbst die Frage, was für dich zentral ist im Leben: Gemeinschaft, Chancengleichheit, Solidarität? Respekt, Vielfalt? Wenn du deinen inneren Wertekompass schärfst, fällt es dir sicherlich leichter zu erkennen und formulieren, was schiefläuft, und es ist einfacher für dich zu entscheiden, wann ein Einschreiten geboten ist.

NO
LIKES

ABLEHNUNG ZEIGEN DURCH DIGITALES IGNORIEREN

Auch wenn es »nicht so gemeint« ist, kursieren in sozialen Netzwerken oder digitalen Gruppen oftmals Videos, die andere Menschen lächerlich machen oder ausgrenzen. Beliebt sind auch Tierfilme, die Vierbeiner unwürdig darstellen.

Wenn du diese Filme bewusst nicht weiterleitest und ihnen keinen LIKE gibst, hast du schon dadurch Stärke und Solidarität bewiesen. Wenn du die Möglichkeit hast, deine Meinung dazu in einem Post zu äußern, setzt du damit ein noch stärkeres Zeichen.

NEIN
sagen

EINSCHREITEN BEI MENSCHENVERACHTENDEN STATEMENTS

Jede:r von uns kennt solche oder ähnliche Situationen:

Am Arbeitsplatz, beim Familientreffen oder in Freundeskreisen fängt XY immer wieder damit an, diskriminierende Aussagen von sich zu geben. Auch wenn du schon hundertmal nur mit den Augen gerollt und dem nichts entgegengesetzt hast: Du kannst auch Stärke beweisen – mit einem klaren **NEIN!** Weiche der unbequemen Situation nicht aus, sondern widersprich den unschönen Behauptungen – im besten Fall wirst du durch andere anwesende Personen Solidarität erfahren. Im schlimmsten Fall stehst du allein da, hast aber klare Kante bewiesen.

Darauf kannst du megastolz sein!

Wenn du nichts sagst, plagt dich womöglich noch lange dein schlechtes Gewissen – denn nicht zu helfen kann auch Kosten haben!

Mentale VORBEREITUNG

SO BIST DU GUT AUF GEFAHREN-SITUATIONEN VORBEREITET

Je öfter wir uns gedanklich oder in praktischen Übungen mit potenziellen Notfällen auseinandergesetzt haben, desto leichter ist es dann in einem echten Notfall, trotz hohem Stresslevel souverän zu handeln.

Was kannst du tun?

- Stell dir Notsituationen vor und überlege, wie du handeln würdest und wie du es konkret schaffen würdest, dich und andere zum Handeln zu bringen.

- Nimm an einem Zivilcourage-Training teil – diese Workshops werden auch online angeboten.

wichtige

NOTRUF-NUMMERN

(WEITERE) NUMMERN, DIE MAN ABSPEICHERN SOLLTE:

112 Notruf, Feuerwehr, Krankenwagen

110 Polizei

116117 ärztliche Notrufnummer

116116 Sperr-Notruf für Kredit- und EC-Karten

Rufnummer der nächsten Polizeidienststelle

Kältebus (gibt es vor allem in Großstädten)

Persönlicher Notfallkontakt

NOTRUF

speichern

Wenn du gut vorbereitet bist, wird es dir sicherlich leichter fallen, Zivilcourage zu zeigen.

EIN PRAKTISCHER TIPP:

Speichere die wichtigsten Notrufnummern in deinem Handy ab. So kannst du sofort die richtige Stelle anrufen, wenn es nötig ist.

Die **112 (Notruf, Feuerwehr)** ist meist voreingestellt, du kannst aber auch einen Notruf ohne Netz auslösen – informiere dich dazu vorab bei dem Hersteller deines Smartphones.

Speichere die lokale(n) Notrufnummer(n) in deinem Handy ab, bevor du ins Ausland fährst.

Gemeinsam

STÄRKE

BEWEISEN

VERBÜNDETE SUCHEN UND DEN BANN DES WEGSCHAUENS BRECHEN

Wenn du dich traust, den ersten Schritt zu machen, werden andere Menschen wahrscheinlich bereit sein, sich zu solidarisieren und auch zu helfen. Möglicherweise hat dies sogar für zukünftige Notsituationen einen positiven Vorbildeffekt, sodass andere sich dann auch eher trauen, einzugreifen, da sie bereits positive Erfahrungen gemacht oder beobachtet haben. Sprich unbeteiligte Passanten gezielt an und fordere sie auf, mit dir zusammen dem Opfer zu helfen.

Für die Opfer von verbaler oder körperlicher Gewalt ist es sehr schlimm, wenn alle wegschauen.

MUTIG SEIN

mit

BEDACHT

WAS KANN ICH NOCH TUN, WENN JEMANDEM GEWALT ANGEDROHT WIRD?

- Verkünden, dass die Polizei verständigt wird/bereits verständigt wurde
- Dies auch veranlassen
- Tätermerkmale für eine mögliche Zeugenaussage einprägen
- Eventuell die Täter:innen irritieren durch überraschende Handlungen wie Trillerpfeife oder lautes Rufen

BEACHTE: Wenn dir die Situation zu gefährlich erscheint, alarmiere den **Notruf 112** oder die **Polizei 110.**

Direkte

HILFE

WAS KANNST DU SOFORT TUN, WENN JEMANDEM GEWALT ANGEDROHT WIRD?

- So ruhig wie möglich bleiben
- Auf Distanz gehen zu Täter oder Täterin, mit »Sie« ansprechen
- Fluchtwege für alle Beteiligten (auch für den/ die Täter:in) frei halten
- Opfer direkt ansprechen (mit »du«): *»Ich helfe dir«, »Brauchst du meine Hilfe?«, »Alles in Ordnung?«*
- Das Opfer aus der Situation und aus dem Blickfeld der Täter:in herausführen und ihm, wenn möglich, die Hand reichen: *»Komm, wir gehen!«*
- Unbeteiligte direkt ansprechen, sich Verbündete suchen: *»Sie mit der roten Jacke, kommen Sie mit, da braucht jemand unsere Hilfe.«*

→ WICHTIG: Mut zeigen ist wichtig, aber wäge immer ab, ob eine Situation auch für dich gefährlich sein kann. Wenn dir das Risiko zu hoch erscheint, wähle den Notruf.

SOLIDARITÄT

bei

Mobbing

WAS KANNST DU SOFORT TUN, WENN JEMAND MOBBING ERFÄHRT?

- Widerspruch einlegen, wenn du Mobbingsituationen miterlebst:
  »Das finde ich nicht in Ordnung«,
  »Bitte hören Sie damit auf«, …

- Dich klar gegen das Mobbing positionieren

- Das System Mobbing durchbrechen, indem du Wegschauer zum Hinschauen motivierst, Mitläufer überzeugst, nicht weiter mitzumachen und die Drahtzieher direkt konfrontierst:
  »In unserer Abteilung dulden wir kein Mobbing, also bitte hören Sie auf, die Kollegin/den Kollegen so zu behandeln.«

→ Je mehr Menschen sich mit dem Opfer solidarisieren, desto schwerer ist es für diejenigen, die mobben.

SOLIDARITÄT

SOLIDARITÄT ZEIGEN BEI AUSGRENZUNG UND MOBBING:

Wenn eine Kollegin oder ein Kollege von Ausgrenzung und Mobbingerfahrungen betroffen ist, kannst du folgende Dinge tun:

- Die betroffene Person ansprechen und Hilfe und Beistand anbieten
- Dem/der Betroffenen zuhören
- Die Erfahrungen ernst nehmen und nicht verharmlosen
- Vorgesetzte:n informieren
- Gemeinsam mit dem Betriebsrat sprechen oder die zuständige Arbeitskammer informieren
- Das Opfer ermuntern, ein Mobbingtagebuch zu führen (eventuell als Beweis später hilfreich)
- Sich in Mobbingsituationen solidarisch zeigen, zu dem Mobbingopfer stehen

HELFEN,

aber überlegt

HELD:INNEN

sind in unserer Gesellschaft wichtig, aber ebenso wichtig ist es, auf sich selbst zu achten. Begib dich also nicht in Gefahr, wenn du bei einem Konflikt einschreitest, sondern wäge ab, welche Form der Hilfe und Solidarität der Situation angemessen ist. Das oberste Ziel ist es immer, das Opfer zu schützen und die Situation zu deeskalieren.

ZIVIL-COURAGE

heute

WAS BEDEUTET ZIVILCOURAGE HEUTE?

Zivilcourage bedeutet, sich für andere, die Gesellschaft und für ethische Werte und Normen einzusetzen – und sich dabei den zuwider handelnden oder sprechenden Menschen, Gruppen oder Institutionen entgegenzustellen. Auch wenn das manchmal unbequem erscheint oder sich dadurch möglicherweise Nachteile für einen selbst ergeben können.

Definition

WAS HEISST EIGENTLICH ZIVILCOURAGE?

Wenn man nach der primären Bedeutung der Begriffe »Zivil« und »Courage« geht, heißt es, dass sich zivile Personen – also ganz normale Bürger:innen (im Gegensatz zum Staat oder Militär) – mutig, also couragiert, für ethische Werte und Normen einsetzen. Vereinfacht ausgedrückt, bedeutet es also Bürgermut oder Bürgerinnenmut.

ZITAT

Je mehr Bürger
mit Zivilcourage
ein Land hat, desto
weniger Helden
wird es einmal
brauchen.

Franca Magnani

Die Texte in dieser Kartenbox beschreiben einige Extremsituationen und geben Informationen, wie man sich verhalten kann. Die Tipps wurden mit großer Sorgfalt recherchiert und geprüft. Begib dich niemals in Gefahr und verständige in Zweifelsfällen die Polizei oder den Notruf 112. Der Entschluss zum Handeln und die Umsetzung der Tipps erfolgen selbstverständlich auf eigene Verantwortung.

IMPRESSUM

In einigen Fällen war es nicht möglich, für den Abdruck der Texte die Rechteinhaber:innen zu ermitteln. Honoraransprüche der Autor:innen, Verlage und ihrer Rechtsnachfolger:innen bleiben gewahrt.

BILDNACHWEIS

Covermotiv: Angelina Bambina / Shutterstock.com
Motive Innenteil: www.Shutterstock.com: Angelina Bambina, art_inside, avian, Bibadash, Dedraw Studio, Fox Design, GoodStudio, lena_nikolaeva, Mars Brashok, Martial red, Matiushenko Yelyzaveta, maybealice, Mystery Kid, Nadia Grapes, Nataliya Dolotko, Nicetoseeya, Omnart, Tanya Kuzmina, Vector Goddess

Gestaltung Cover und Innenlayout: it'sme design, Marielle Enders

ISBN 978-3-8458-4957-7
www.arsedition.de

ZIVILCOURAGE FÜR ALLE e.V.

MIX
Papier aus verantwortungsvollen Quellen
FSC® C130350
FSC www.fsc.org

Diese Box ist in Zusammenhang mit dem Verein **Zivilcourage für ALLE e. V.** entstanden. Der Verein möchte das Wissen über Zivilcourage in die Gesellschaft bringen. Einer seiner Leitsätze lautet dabei: »Du musst kein Held sein, um Zivilcourage zu beweisen. Wir setzen auf kleine Schritte statt auf Heldentaten. Wenn die Helfer:innen am Ende auch Schaden davontragen, dann gibt es womöglich mehr Opfer als nötig.«

In diesem Kartenset findest du wichtige Infos, Tipps und Impulse, um im Alltag den Unterschied zu machen und Zivilcourage zu beweisen, ohne dich selbst unnötig in Gefahr zu bringen. Denn die zentrale Erkenntnis ist:

JEDE:R VON UNS KANN ZIVILCOURAGE ZEIGEN!